»In mein Menschenleben paßten viele Katzenleben. Manche waren lang, andere endeten viel zu früh, aber alle trugen zu einer Geschichte bei, meiner Geschichte. In ihr findet sich Komisches und Trauriges, gereimt und ungereimt, und immer von neuem der Versuch, dem auf die Schliche zu kommen, was mich lebenslang an der Katzenseite gehalten hat. Ich liebe Hunde, Elefanten, Schmetterlinge, Goldhamster, Rotkehlchen, Häuschenschnecken und noch viele andere Tiere. Darwins ganzer großer Farbkasten ist für mich eine ständige Quelle des Staunens und der Freude. Was kommt bei Katern und Katzen dazu, das mich immer wieder zu ihnen zieht? Oder sie zu mir?

In diesen Geschichten und Gedichten treffen sich viele von ihnen, denn für mich hat die Katze mehr als sieben Leben. Volker Reiche schickt seine Katzen zu meinen, man weiß nie, ob sie schnurren oder fauchen werden.«

Eva Demski

Eva Demski, geboren 1944 in Regensburg, lebt in Frankfurt am Main. Ihr literarisches Werk wurde vielfach ausgezeichnet, 2008 erhielt Eva Demski den Preis der Frankfurter Anthologie.

Volker Reiche, geboren 1944 in Belzig, lebt als freier Comiczeichner und Maler in Königstein / Taunus. Von 1985 bis 2006 zeichnete er die Serie *Mecki* für die Programmzeitschrift *Hörzu*, von 2002 bis heute den Comic-Strip *Strizz* für die *FAZ*. Zahlreiche Comicpublikationen.

insel taschenbuch 4411
Eva Demski
Katzentreffen

EVA DEMSKI
Katzentreffen

Illustrationen von Volker Reiche

Insel

Erste Auflage 2015
insel taschenbuch 4411
Originalausgabe
© Insel Verlag Berlin 2015
Alle Rechte vorbehalten, insbesondere das der Übersetzung,
des öffentlichen Vortrags sowie der Übertragung durch Rundfunk
und Fernsehen, auch einzelner Teile.
Kein Teil des Werkes darf in irgendeiner Form
(durch Fotografie, Mikrofilm oder andere Verfahren)
ohne schriftliche Genehmigung des Verlages reproduziert
oder unter Verwendung elektronischer Systeme
verarbeitet, vervielfältigt oder verbreitet werden.
Vertrieb durch den Suhrkamp Taschenbuch Verlag
Umschlagabbildung: Volker Reiche
Druck: CPI – Ebner & Spiegel, Ulm
Printed in Germany
ISBN 978-3-458-36111-4

Katzentreffen

So war es

Der Kater kam zur Tür herein:
Frau, dürft ich wohl ihr Kater sein?
Es ist da draußen ziemlich kühl,
Auch habe ich so ein Gefühl,
Als flöge mich ein Hunger an.
Ob man da etwas machen kann?
Ja? Meinen allerschönsten Dank.
Das Futter ist wohl hier im Schrank –
Ich merke schon, wir beiden sind
Ein Doppel, das sieht jeder blind.
So rund der Bauch, so scharf der Zahn,
Deswegen heißt mein Zukunftsplan:
Ich bin jetzt da und bleibe hier.
Das Essen hätt ich gern um vier.
Ich schlaf gern lang, genau wie du.
Das paßt doch alles – gib es zu.

Mehr als sieben Leben

Es passen viele Katzenleben in ein Menschenleben. Zu viele, denn manche bleiben nur kurz bei uns, wir sind Zwischenstation, oft ohne das zu wollen. Ich erinnere mich zum Beispiel gut an Molle Einzahn, der als eine Art Witwer zu mir gekommen war. Für eine Waise war er zu alt. Seine Besitzerin war gestorben, und er landete nach vielen Umwegen bei mir.

Sie können sich ja nicht aussuchen, wo sie hinkommen, Tiere, die plötzlich überflüssig geworden sind. Aus dem Liebling wird ein Scheidungsüberbleibsel, oder die Besitzer sind plötzlich allergisch geworden, was im Klartext häufig »macht zu viel Arbeit« heißt. Manchmal sind sie Erbstücke, die keiner will. So einer war Molle Einzahn. Riesig, schwarz, ziemlich übergewichtig, mit einem verbliebenen Eckzahn, der eines Ebers würdig gewesen wäre. Er war reich an Besitz, brachte das ganze Gerümpel mit in die neue Beziehung, wofür die Haustieraccessoireindustrie einsamen älteren Menschen viel Geld aus der Tasche zieht. Kratzbäume, diverse heftig gemusterte Betten, mehrere überdachte Katzenklos, Plüschhöhlen und tonnenweise unberührt aussehendes Spielzeug, das war seine Mitgift. Sie füllte ein ganzes Auto. Er tat mir furchtbar leid. Ich war aber nicht willens, fürderhin mit diesem Kram zu leben.

Also weg damit. Ein Klo, ein Korb, ein paar Wollmäuse, das wars. Molle sah nicht aus, als ob ihm etwas von den Sachen fehlte. Er schien nach etwas anderem zu suchen, unaufdringlich, aber unübersehbar.

Seine Besitzerin hatte ich nicht gekannt, ich konnte mir beider Leben aber gut vorstellen.

Eines der Wunder, wenn man Katzen hat und alles gut geht, ist, daß man seinem eigenen Leben und Altern wie in einem sanften Zeitraffer zuschauen kann. Die Kindheit dauert nur wenige Monate, mit Ungeschicklichkeit, die einem keiner übelnimmt, übergroßer Neugier, Tollkühnheit und der Fähigkeit, unmittelbar aus dem Toben in den Tiefschlaf zu fallen, gleicht sie der unseren. Pubertät gibts auch. Die Sache wird in den meisten Fällen tierärztlich gelöst, das ist nicht schön, aber notwendig.

Das Erwachsenenalter unseres Katers oder unserer Katze ist geprägt, von Einsicht in die Ordnung der Dinge und dem deutlichen Wunsch, diese selbst zu bestimmen. Sie entwickeln Marotten und feste Gewohnheiten, lassen sich ungern was vorschreiben und schätzen gutes Essen, was man in vielen Fällen auch sieht. Daß es da Parallelen zum Menschenleben gibt, wird niemand bestreiten wollen.

Molle war über all diese Phasen schon hinaus, ich konnte ihn mir nicht als Kätzchen vorstellen. An ihm konnte ich sehen, wie das Alter sein würde, für mich wahrscheinlich auch. Er war ein ziemlich unbeweglicher Kater, melancholisch, aber den Annehmlichkeiten des Lebens durchaus zugetan. Wir mochten uns, er lag gern auf meinem Schreibpapier, und ich sprach viel mit ihm. Die Freiheit des Gartens interessierte ihn nicht. Etwas fehlte ihm, ich wußte ja, was es war, aber auch, daß ich es ihm nicht würde ersetzen können. Er versuchte, mit den neuen Bedingungen klarzukommen, aber die ganze Zeit spürte ich – das war nur ein Ersatz, etwas Vorläufiges. Vielleicht ging es ihm wie einem alten Menschen, der in ein Pflegeheim kommt. Es mag ja gar nicht schlecht da sein, man muß auf vieles verzichten, dafür hat man ein paar Annehmlichkeiten. Im tiefsten Inneren aber bleibt das Bild vom Leben, wie es einem einst gefallen hatte und wie es nie mehr sein würde. Wer sagt, daß das nur bei Menschen so ist? Für Molle war das Paradies wahrscheinlich die Zweizimmerwohnung mit einem Dschungel aus Kratzbäumen und Plüschhöhlen, wo er friedlich mit seiner Menschenfreundin alt geworden war und das er freiwillig nie verlassen hätte.

Uns blieben noch ein paar gemeinsame Monate, ich habe versucht, sie ihm so angenehm wie möglich zu machen, dem großen Molle Einzahn.

Für solche Fälle hole ich immer den winzigen Rest Unsterblichkeitsglauben raus, der mir geblieben ist.

Schon damals habe ich für meine Katzen Gedichte gemacht. Manchmal Rollengedichte, ich lieh mir unverschämterweise ihre Stimmen. Gelegentlich waren es Trauerliedchen, wenn eine oder einer mich verließ, so für Molle Einzahn, der auch Weisheitszahn hätte heißen können und der im Februar 1996 gestorben ist.

Das waren nur kurze Stücke
Von einem sehr langen Weg.
Jetzt gehst du und reißt eine Lücke
Das Leben ist seltsam und schräg.
Ich hab dich so gern gespürt und

Die Welt war reicher durch dich
Du hast mich gewaltig gerührt und
Jetzt fährts mir durchs Herz wie ein Stich.
Du hast dich zum Abschied entschlossen
Ich hab keinen Abschied gewollt
Von meinem schwarzen Genossen
Molle Einzahn, einem Kater wie Gold.

Immer wieder kamen welche, die mich nur ein Stück begleitet haben, das ergab sich so, Schicksal. Als Babys waren nur meine allerersten eigenen Katzen zu mir gekommen. Als die Amerikaner aus unserer Gegend wegzogen und zurück in die USA gingen, hinterließen sie hilflose Haustiere, die um den Hals ein Schildchen: *vaccinated against rabies* trugen. Eines davon suchte sich mich aus und lernte schnell deutsch. Ich taufte sie Medi nach Thomas Manns Jüngster, nahm ihr das blöde Schild ab, das sie gegen gar nichts geschützt hatte, sie war eine stille Freude und wurde sehr alt.

Zu den Katzensammlerinnen, deren großes Herz manchmal zu problematischen Herdenbildungen führt, habe ich aber nie gehört. Ich traue mir nur eine sehr homöopathische Dosis Selbstlosigkeit zu. Mit Schrecken denke ich an frühere Zeiten, in denen im Frühling viele niedliche Katzenbabys von ihren stolzen Müttern durch meinen Garten geführt wurden.

Kümmere dich um die Bälger! schienen diese Freibeuterinnen zu sagen. Ich versuchte mein Bestes und suchte nach Planstellen. Stolz, frei, unsterilisiert, das war eine Mischung, die mir mit zunehmendem Lebensalter immer weniger romantisch, dafür eher irre erschien. Nicht nur bei der unkontrollierten Vermehrung von Katzen gehts mir so.

Zwei Jahre nach dem Tod des Erbkaters Molle Einzahn begann eine Beziehung, die für beide Seiten sehr glücklich genannt werden kann. Das hoffe ich jedenfalls, ganz sicher kann man da nie sein. Tino, eine knappe Handvoll orangegetigerter Kater mit etwas Weiß drin, wurde mir ans Herz gelegt und blieb dort für fast fünfzehn Jahre. Er war der inspirierendste von allen, und Tino-Gedichte, die ich entgegen meiner sonstigen Gewohnheit als einzige lyrische Versuche freiließ, tauchten an den merkwürdigsten Orten im Netz auf. Die Werbung für ein Katzenfutter, das ich nicht kannte, war noch einzusehen. Warum sie auf der Website einer Sektion der Anonymen Alkoholiker auftauchten, blieb mir ein Rätsel. Vielleicht als Beweis, daß es eine glückliche Sorte von Kater gibt.

Auch in den Tino-Gedichten kann man dem Lebensablauf auf der Spur bleiben, mit den Jahren verlieren sie das Ungestüme und werden gesetzter. Und irgendwann kommt dann wieder das letzte Lied. Als die Dichterin Sarah Kirsch im Mai 2013 starb, war Tino grade ein halbes Jahr tot und wurde sehr von mir betrauert. Dennoch war schnell eine Trösterin da, von ihr erzähle ich gleich.

Wir, Sarah,
haben so viele Katzen überlebt,
Voll Zorn auf den Tod und oft unter Tränen.
Mit den Jahren aber kommt
auf leisen Pfoten die Gewißheit:

Eine wirds geben, die
uns überlebt.

Das, dessen war ich ganz sicher, würde in meinem Fall Fanny sein, das schwarzweiße italienische Wunder aus der Gernhardtschen Toscana.

Ein halbes Jahr alt, Seidenfell, Piratenfrätzchen mit Zorromaske, war sie ein Fall von rettungsloser Liebe auf den ersten Blick. Almut G. hatte sie mitgebracht, und obwohl ich keine junge Katze, kein Mädchen und keine schwarzweiße hatte haben wollen – bei der Freundin im ersten Stock gab es zwei schwarzweiße – sie war die Erfüllung aller Wünsche. Ihrer Kindheit konnte ich einigermaßen furchtlos zuschauen, denn es war Winter und die Tür zum Garten blieb zu. Einmal zeigte ich ihr den Schnee, sie schleppte begeistert ihren kleinen Bauch drüber und war im übernächsten Garten, so schnell konnte ich gar nicht schauen. Ich ahnte, was auf mich zukommen würde und daß die Angstlosigkeit meiner jungen Jahre mich ein für allemal verlassen hatte.

Fanny war verspielt, energisch, neugierig, eingesperrt zu sein wäre für sie die Hölle gewesen, für den, der es versucht hätte, allerdings auch. Sie war eine Tänzerin, und ich sehe noch ihren kleinen, schwarzweißen Schatten, wie sie auf dem Rasen einen sehr, sehr toten Eichelhäher so anmutig in die Luft wirft, als zeigten sie zusammen einen Pas de deux. Sie war überhaupt eine große Finderin und brachte allerlei Opfer an, von denen ich sicher war, daß es nicht ihre waren. Mit allen tanzte sie. Spätestens um sechs in der Frühe warf sie mich aus dem Bett, sie konnte gar nicht begreifen, wie man den Verlockungen der Freiheit faul unter einer warmen Decke zu widerstehen vermochte. Ab dann schaute ich viertelstündlich, ob ihr kleines Zorrogesichtchen am Fenster auftauchen würde. Ich hatte nicht gewußt, wie teuer man irgendwann die Liebe bezahlen muß. Sommernächte waren viel zu schade, um sie bei einer langweiligen alten Frau zu verpennen. Ich sah es ein. Wir waren auch mal so gewesen. Also Warten und Bangen.

Am 13. März kam sie nicht. Ich fand ihre kleine Leiche an einer Bushaltestelle, die Polizei hatte mir die Stelle gesagt. Gesucht hätte ich sie da nie. Jemand hatte sie in ein Körbchen gelegt, ich habe nie erfahren, wer. Vielleicht der, dem sie ins Auto gelaufen war. Kaum zwei Jahre ist sie alt geworden.

Das wars mit den Katzen, dachte ich, als ich nach Tagen aus der totalen Schwärze in eine Art Grau kam und wieder denken konnte. Fanny hätte auf andere Art meine letzte Katze sein sollen.

Die Geschichte war noch nicht zu Ende, obwohl alles dafür sprach.

Fanny hatte einen hartnäckigen Verehrer gehabt, einen verwilderten, mageren Kater, getigert, weiße Schnauze und schmutzige weiße Socken. Er schnürte klagend durch die Gärten. Ich gab ihm zu fressen. Fanny machte sich überhaupt nichts aus ihm, dem verflohten Grobian, er war wohl total unter ihrem Niveau. Wir nannten ihn Stalker. Ute aus dem ersten Stock tat er leid, weil er seinen Kummer in die Welt posaunte. Im Januar fing ich ihn ein, was er sich stoisch gefallen ließ, ich brachte ihn zum Tierarzt und es wurde getan, was nötig war, impfen, entflohen, chippen – und natürlich kastrieren. Vielleicht wurde Fanny nach seiner Zivilisierung etwas gnädiger ihm gegenüber, das war meine Hoffnung. Aber kein Gedanke – phhh, schien sie zu sagen, der doch nicht, auch wenn er sich parfümiert! Der Stalker vagabundierte weiter, mit sehnsüchtigen Blicken und lauten Klageliedern.

Eine Woche nach Fannys Tod kam er durch die offene Terrassentür. Ihr Klo stand noch in der Küche, er benutzte es.

Dann legte er sich vor mein Bett und blieb für Stunden reglos liegen.

Ja, so war das. Er geht raus, aber er bleibt nicht lang. Er frißt nicht mehr alles, was ich ihm vorsetze, wie er es am Anfang gemacht hat.

Freiheit wird total überschätzt, sagt er, ich hab sie erlebt, herzlichen Dank.

Er hat ziemlich zugenommen und ist nicht begeistert, wenn Besuch da ist.

Stalker, mein fetter Retter.

Tino, als er klein war

Heute hab ich mit Paula gerauft
Obwohl die dreimal so groß ist.
Ja, mutig bin ich und katzolisch getauft,
Und überall dort, wo was los ist.
Ich jage den Max kreuz und quer hin und her,
Über Tische, Schränke und Stühle.
Der Max, der ist mindestens zehnmal so schwer
Wie ich, hat aber zarte Gefühle.
Ja, seit ihr mich habt, geht es hier endlich rund,
Entsetzt flüchtet Liese, die Graue.
Ich glaub, für die Alten bin ich richtig gesund –
Aber trotzdem kriege ich Haue.

Tinos Morgentoilette

Der Kater leckt sich seine Pfote
Erst seine weiße. Dann die rote
Darauf das linke Hinterbein
Das vierte Bein, das läßt er sein.

Er wäscht die Ohren ziemlich gründlich
Denn Katerohren sind empfindlich
Dann putzt er lange seinen Bauch
Und seinen Rücken putzt er auch.

Zur Habhaftmachung seines Schwanzes
Bedarf es eines kleinen Tanzes
Erst links-, dann rechtsherum im Kreis.
Der Schwanz ist rot. Die Spitze weiß.

Nach heftiger Wäsche weiß wie Daunen,
Und auch so weich, man kann nur staunen.
Nun, voller Unschuld wie ein Schäfchen
Rollt er sich ein und hält ein Schläfchen.

Zwei Stunden später wäscht er sein
Vergessenes rechtes Hinterbein.

Tinos Alltag

Da ist ein stinkiges Käsepapier –
Tu deine Pfoten weg, das gehört mir!
Was, du willst das in den Mülleimer schmeißen?
Warte, das werde ich dir entreißen!
Zack, da hab ichs. Du hast wohl nen Knall
Wegschmeißen, einen so köstlichen Ball!
Quer übers Bett wird der jetzt gejagt,
Du wirst da überhaupt nicht gefragt
Ach, wie das duftet und aufregend riecht,
Und raschelt, wenn man hinterherkriecht –
Unter Schränke kullerts und unter Kommoden,
Klar bleibt da vom Käse was auf dem Boden,
Das ist doch das Schöne bei dem ganzen Bohei
Über die Wäsche und an den Schuhen vorbei –
Halt! Nein! Wie gemein!
Laß mich sofort in den Mülleimer rein,
Gibs mir wieder, mein Bällchen, aber sofort.
Sonst rede ich mit dir nie wieder ein Wort!

Da, schau mal, ein Kork!
Mann, ist der stork!

Tinos Tagebuch

Rausgesprungen,
Runterpardauzt.
Von der Frau dafür angeschnauzt.
Gut gefressen,
Zufrieden gekackt.
Grundlos im Genick gepackt
Bloß wegen des Blumenvasenbesuchs.
Aufspüren eines feinen Geruchs.
Mülleimer nach Käserinden durchsucht,
Von der Frau dafür angeflucht.
Nicht übel genommen,
Heftig geschnurrt,
Und ihr ein Liedchen ins Ohr gegurrt.

Tino meditiert

Der Tino kratzt sich im Genick
Und denkt sich: Das ist Glück!
Er schüttelt sich und sagt sich still:
Ich kann mich kratzen, wo ich will.
Auf meinem wunderschönen Fell
Gibts keine unerreichte Stell
Für meine genialen Krallen –
Das hat mir immer schon gefallen.

Rule Britannia

Seit mehr als zwanzig Jahren ist mir ein Fernsehabend im September heilig: die Übertragung der *Last Night of the Proms* aus der Londoner Royal Albert Hall. Der immerwährende Moderator Seelmann-Eggebert sagt nicht Oolbert Hoooll, er sagt Albert Holl, so machen wir es auch. Seelmann-Eggebert ist so britisch wie die Queen, heißt es. Seit wir das wunderbare Musikspektakel anschauen, wundert uns, daß die nie dabei ist. Allerdings gibt es auch ohne sie genug verrückte Hüte zu sehen.

Es hat sich bei mir daheim in den Jahren ein festes Ritual gebildet: Käsehäppchen, Wein, Bier, bei den jährlich wiederkehrenden Nummern wird mitgesungen und am Schluß beim *Auld Lang Syne* ein bißchen geheult, weil wieder ein Sommer vorbei ist. Seit allerdings der Kater Tino mein Leben teilt, und das sind auch schon wieder vierzehn Jahre, gibt es Probleme: Während er Klaviermusik, großes Orchester oder Koloratursoprane souverän duldete – er hörte dergleichen ja nicht nur im September –, machte es ihn wahnsinnig, wenn wir mitsangen.

Jedes Jahr dasselbe: Wir warteten ungeduldig auf die vertrauten Mitgrölnummern, schauten den in weiße Dinnerjackets gepreßten Musikern mit den Sträußchen am Revers zu, begeisterten uns an den Luftsprüngen des kleinen, runden Sir Colin Davis – er war unser Lieblingsdirigent –, und der Kater wurde zunehmend unruhiger.

Es war nicht die Musik, ob Wagner oder Elgar, so was kannte er – wir waren es, unser musikalisches Auf-dem-Sprung-sein, das ihn zur Verzweiflung trieb. Und wenn es dann bei *Rule Britannia* mit uns durchging und wir durch die offenen Fenster unseren unbedingten Willen bekundeten, niemals Sklaven zu sein, wenn wie in jedem Jahr ein bißchen akustischer Streit über Tonart und -höhe entstand und tapfer ausgesungen wurde – dann wurde der Kater richtig zornig. Er versuchte, von der Couch-lehne aus mit den Krallen die Haare der Sänger zu rau-fen, da die es unbegreiflicherweise nicht selber taten. Er biß in Nasen. Er klagte in einem Crescendo, das mühelos jedes noch so mächtige Orchesterwerk übertönte. Ich gebe zu, mit den Jahren wurde der Unmut des Katers Teil des Programms. Am schlimmsten war für ihn, wenn wir auch noch über ihn lachten.

Wenn der September nahte und damit die herrlichen, britisch-musikalischen Ausraster, warnte ich den Kater vor: Da mußt du jetzt durch!

Aber in diesem Jahr war alles anders. Zuerst gings nicht richtig los, weil es dem Superstar Lang Lang zu al-ler Überraschung nicht gelungen war, an zwei Plätzen gleichzeitig zu spielen. So warteten sie drin in der Albert Holl, ich suchte nach den üblichen Teddybären als Kopf-bedeckung und fand keine, dafür gab es mehr deutsche Fahnen als früher. Man kann Arrangements buchen. Als Lang Lang dann endlich reinkam und mehr denn je aus-sah wie ein Darsteller aus einer Peking-Oper, ging der Kater gelangweilt raus und suchte auf dem Balkon nach herrenlosen Brekkies. Er schien nichts zu ahnen, oder es interessierte ihn einfach nicht. Lang Lang spielte, das Orchester trug keine weißen Dinnerjackets mehr, sondern Frack, wie jedes beliebige Orchester. Es war der jüngste Dirigent, der je die *Last Night* geleitet hat, Edward Gardner, die Sängerin sah aus wie eine Sängerin aussehen muß, mächtig und blauseiden, die schottische Folklore aus dem schottischen Park war schottisch traurig, nur ganz gelegentlich gab´s im Saal das übliche Trööt. Der Kater legte sich hin, würdigte uns keines Blickes, dann stand er auf und fraß ein Insekt.

Ein bißchen steifbeiniger ist er als letztes Jahr, wir wahrscheinlich auch.

Bei *Land of Hope and Glory* konnten wir dann endlich loslegen, zum ersten Mal hatte jemand den Text auf dem iPad, was den Gesamtrhythmus empfindlich störte, weil die Erinnerungsverzögerung nämlich dazugehört. Jetzt kam der Kater, schien aber nur entspannt zu denken, na, spinnen sie wieder? Sogar bei *Rule Britannia*, als wir zur gewohnten Lautstärke fanden, blieb er gelassen. Er kontrollierte lieber, ob etwa ein Brekkie übersehen wurde. Ach, das *Jerusalem* regte ihn dann natürlich gar nicht mehr auf, und die Nationalhymne klang in diesem Jahr wie auf einer Beerdigung. Nine eleven, eben. Und das *Auld Lang Syne* ist sowieso traurig.

Wir schauten den Kater an, der seine Mitwirkung beim alljährlichen Spektakel einfach verweigert hatte. Ist er alt geworden? Weise? Sangen wir besser als früher, oder hört er schlechter?

Ich heulte ein bißchen, wie immer.

Der Kater fraß.

Tinos Nacht

Der Kater am Fenster
Träumt in die Nacht.
Da draußen ist alles
Für ihn gemacht.
Raschelnde Mäuse im
Dunklen Gebüsch,
Nachtfalter und
Im Becken der Fisch.
Streunende Miezen
Sonder Zahl!
Ach, Liebe und Jagd –
Wie ging das noch mal?
Da sitzt er und schaut
In die Dunkelheit,
In den Garten voll Wunder,
Endlos und weit …

Ich hätt ihm das Fenster aufmachen müssen!
Tat es nicht und habe ein schlechtes Gewissen.

Liebeslied

Ich war ein Kater, einsam und schön,
Von eindrucksvoller Gestalt,
So konnte mich jeder hören und sehn,
Aber auch ich wurde alt.

Mein Herz begann schrecklich zu frieren,
Drum suchte ich eine – na ja –
Eine Liebste für Kopf, Herz und Nieren,
Ohne irgendwelches Trara.

Allerlei Damen fanden sich ein –
Gott schütze – sie warn Katastrophen!
Spuckende Bestien kamen plötzlich herein –
Und kalt ward mein häuslicher Ofen.

Da lernt ich SIE kennen, sie war weise und weiß,
Von ruhigem und sanftem Gemüte,
Lag da wie ein wollener Gottesbeweis
Und umfing mich mit ihrer Güte.

Sie ist eine Jacke, ich liebe sie sehr
Und bin glücklich, bis daß ER uns scheidet.
Ich gebe sie ganz bestimmt nicht mehr her
Und werde von allen beneidet.

Limericks

1

Eine muntere Katze aus Hausen,
Die konnte es nicht lassen, das Mausen.
Ihr Kater hieß Klaus
Und warf sie bald raus,
Denn ihm schien ihr Mausen zum Grausen.

2

Ein alternder Kater aus Hagen,
Der konnte sich selbst nicht ertragen.
Er sah seinen Wanst
Und fand ihn zerfranst –
Ach, hätts doch ein End mit den Plagen.

3

Ein zierliches Kätzchen aus Päris
Sprach: Was doch das Modeln so schwer is!
Nur grasgrüne Mäuse
Als einzige Speise
Wos doch auch mit dem Geld nicht weit her is.

Stalker fragt sich

Mein Bär, mein Trost, mein Katerstern!
Zum Fressen habe sie mich gern,
Das sagt die Frau, bei der ich wohne,
Daß sie nicht weiß, wie sie wohl ohne
Mich leben sollte – sonderbar.
Wie das wohl früher für sie war?
Ich weiß, vor mir gabs einen Roten
Und eine mit schwarzweißen Pfoten,
Die hat sie fürchterlich geliebt.
Jetzt ist sie froh, daß es mich gibt.
Ich denke so bei mir im Stillen:
Des großen Katzengottes Willen
war, daß dies Riesenbündel Liebe
Auf jeden Fall erhalten bliebe.
Wer es dann kriegte – Inschallah!
Ich war gottlob als erster da.

Frauen und Katzen auf Bildern

Auf den ersten Blick eine ideale Kombination: Frauen und Katzen. Beide haben als Gattung eine Menge Klischees zu tragen, was ihnen nichts ausmacht, da sich weder Frauen noch Katzen jemals als Gattung empfinden. So ist es dem jeweiligen Einzelexemplar vollkommen egal, daß die ihnen zugeschriebenen Eigenschaften widersprüchlich sind. Anschmiegsam. Widerborstig. Freiheitsliebend. Zähmbar. *Du bist wie eine Katze*, nimmt jede Frau als Kompliment. *Du bist wie ein Hund*, würde sich wohl keine gern sagen lassen.

Mein Kätzchen hören sich, jedenfalls in bestimmten Lebensphasen, viele gern nennen. Wenn sie *mein Hündchen* gerufen würden, überdächten wohl auch im Zustand größter Liebesverblendung die meisten ihre Situation.

Wie entkommt man beim Zusammenspiel von Katzen und Frauen – die Katzen können natürlich auch Kater sein, auf Bildern sieht man das nicht ohne weiteres – der Befürchtung, man habe es thematisch mit Süßlichkeit, behaupteter Anmut oder ambitioniertem Kitsch zu tun?

Was haben überhaupt Tiere auf Porträts verloren? Zunächst sind sie Metaphern, der Schoßhund für Müßiggang, Jagdhund und Pferd für Einfluß und Macht, der Vogel für behauptete oder ersehnte Freiheit. Und die Katze oder der Kater? Das ist nicht ganz so einfach, und bevor wir den Weg T. S. Eliots gehen, der die Menschheit in K und Nicht-K – Katzenmenschen und Nicht-Katzenmenschen – einteilte, muß noch ein bißchen nachgedacht werden.

Katzen sind schwer abzubilden, das weiß jeder, der versucht, sie zu fotografieren. Sie mögen in einen stundenlangen Tiefschlaf versunken sein – wenn sich eine Kamera nähert, beschließen sie, aufzuwachen und sofort abzuhauen. Geduldig eingenommene Posen werden kurz vor dem entscheidenden Klick verändert. Zeichnen lassen sie sich lieber, die Reduktion aufs Wesentliche scheint ihnen zu gefallen. Von Sempé bis Ungerer gibts dafür wunderbare Beispiele. Der gezeichnete Katzenkörper sieht oft wie ein Schriftzeichen für Stille, Losgelöstheit, Entrücktheit aus. Oder eben wie eines für Spannung und Kampf. Mit der Malerei verhält es sich anders. Auf niederländischen Genrebildern gleichen Katzen meistens verkleideten Hunden, es scheint auch, als sei es für die Maler der Vergangenheit schwer gewesen, für sie den richtigen Platz in den Bildern zu finden. Das Diabolische aus der Geschichte hing ihnen noch nach, andererseits konnte man ihre Ruhe und Anmut, in dem Fall Metapher für Häuslichkeit und Geborgenheit, in vielen Kompositionen gut brauchen.

Allmählich aber, mit dem Fortschreiten der Moderne, gab es immer mehr Momentaufnahmen der Intimität, der von außen nicht ohne weiteres zugänglichen oder erklärbaren Zweisamkeit von Frau und Katze. Damit löste sich auch die Tiermetaphorik auf, die Katze, der Kater, steht für nichts als für sich selbst. Wohlfeile Assoziationen – Individualität, Unbezähmbarkeit, Freiwilligkeit der Zuneigung –, mit denen Beziehungen zu

Katzen immer wieder umgeben wurden, spielen keine Rolle mehr. Im besten Fall wird das Bild ganz Bild, erzählt keine Geschichte mehr, wird zu Farbe, Fläche, Schönheit.

Mensch und Tier tun einander nicht nur optisch gut, und ein wenig Konkurrenz ist immer dabei. Haltung, Gebärde, Lässigkeit – Frauen lernen seit jeher von Katzen, wenn sie gut beraten sind. Es geht aber stets auch um die prekäre Sache mit der Freiheit. Man könnte durchaus ein ungebundenes Leben leben, wenn man sie verließe, die Wärme und mit ihr den geschützten Raum. Eben den zeigen viele der zweisamen Darstellungen, den warmen, beschützten Raum, jenes Interieur, für das einer sorgt, der man nicht selbst ist. In der Freiheit kann es ziemlich kalt sein, und Kälte mögen weder Katzen noch Frauen.

Vielleicht ist das eine der Botschaften, die solche ruhigen, den Betrachter nur selten einbeziehenden Bilder reizvoll machen – zwei Wesen, die ihre Kraft verstekken und um ihre Möglichkeiten zwar wissen, aber im dargestellten Moment nicht die geringste Lust haben, sie auszuleben. Wir könnten ausbrechen und jagen, wir könnten wild und gefährlich sein – aber warum sollten wir? Das Raubtier schläft oder spielt, es freut sich seiner Bewegungen und läßt sich gern anschauen.

Hunde wurden oft als Individuen porträtiert; im Kasseler Schloß gibt es einen ganzen Raum voll mit teilweise sehr schönen und anrührenden Hundeporträts. Bilder von Katzen als Persönlichkeit, mit Namen und Lebensdaten sind dagegen selten. Das liegt auch daran, daß der Adel traditionell Katzen nicht schätzt. Hund

und Pferd sind gleichsam berufstätige, ihm zugeordnete Tiere, denen im guten Fall Respekt gezollt wird. Das Tier hat treu gedient, manchmal Zuneigung ausgelöst, nun wird ihm die Ehre der Individualität erwiesen. Die Katze als luxusliebende Anarchistin findet in dieser Gesellschaft nur selten Platz. Sie hat kein Talent zur Untertanin und weigert sich in den meisten Fällen, Befehle entgegenzunehmen oder etwas zu lernen, das ihr unsinnig erscheint. Insubordination ist ihr eigen, wahrscheinlich gesellen Künstler sie gerade deshalb gerne zu Frauen, die ihnen etwas bedeuten.

Warum mögen Frauen Katzen? Das heißt nicht, daß es nicht katzenverfallene Männer gäbe, und auch nicht, daß diese besonders weiblich wären. Der legendäre Direktor des Istanbuler Hotels Pera Palas, der Syrer Muhayyesh, war das gewiß nicht, aber er beging aus Trauer um seinen Kater Mitte des vergangenen Jahrhunderts Selbstmord. So dramatisch sind Beziehungen zwischen Frauen und Katzen selten. Die Faszination besteht in der Freiwilligkeit. Liebesbekundungen sind nicht so leicht zu haben wie von einem Hund, Wiedersehensfreude nach kurzer oder längerer Abwesenheit ist durchaus nicht selbstverständlich, oft gibt es ein bißchen Terror und Machtkampf, aber im großen und ganzen herrscht die Überzeugung: Sie – oder er, der Kater – liebt mich so, wie ich bin. Katzen tun das aber nicht kritiklos wie Hunde, sondern eher abgeklärt und nicht ohne einem von Zeit zu Zeit zu verstehen zu geben, sie könnten auch anders.

Von einer Katze gemocht zu werden kommt einem immer wie ein Verdienst vor. Man fühlt sich, wenn sie einem Aufmerksamkeit gewährt, erhoben. Das ist vom Stand der Katze völlig unabhängig, selbst die räudigste und ausgehungertste Straßenkatze hat die Fähigkeit, einem das Gefühl zu geben, beschenkt zu werden, wenn sie einem die hingehaltene Schinkenscheibe aus der Hand fetzt. Es ist ein unsichtbares Fürstentum, das diese Tiere umgibt, und auf vielen Bildern umgibt es auch die Frauen. Deshalb wird die Frau-mit-Katze-Kombination so gern mit Erotik gleichgesetzt. Nicht mit der schwülen, voyeuristischen und damit altmodischen Sorte, sondern mit der sehnsüchtigmachenden. Im Bild sind Frau und Tier sich selbst genug, man möchte ihnen zwar begegnen, fühlt sich aber ungebeten. Die Gruppe ist vollkommen, sie braucht niemand anderen.

Vollkommen unerheblich ist es, wer auf einem Bild die Hauptrolle spielt. Der kluge Betrachter weiß: Er wird es nicht erfahren. Es geht ihn nichts an. Das Stück, das gespielt wird, lernt er nicht kennen. Und dann, nur dann, geschieht wieder das, was Malerei und die Begegnung mit ihr ausmacht. Die erzählte Geschichte, der festgehaltene Augenblick mit seinen Sehnsüchten und Widersprüchen verschwindet, und es bleibt, worum es letztlich geht: Farbe und Form, Linie und Fläche, Schönheit und Wahrheit.

Ludwig

Ich bin die Alte mit dem krummen Rücken,
Ja, siebzig Jahre werd ich heuer alt,
Tu mich seit Kurzem etwas schwer beim Bücken,
Und auch im Bett sind meine Füße kalt.
Mein Mann liegt seit drei Jahren in der Kiste,
Es war schon vorher nichts mehr mit ihm los.
Nicht, daß ich ihn nicht ab und zu vermißte –
Die Wohnung ist jetzt doch ein bißchen groß.
Der Ludwig ist noch da. Das ist mein Kater,
Er wird in diesem Jahr im Mai schon zehn.
Ich bin sein Dosenöffner und sein Hühnerbrater,
Grau ist er, etwas dick und nicht sehr schön.
Nachts lieg ich manchmal wach und denke Sachen,
Dann spür ich Ludwig und bin ziemlich froh,
Es ist nicht einfach, ganz allein zu wachen,
Weil, nachts hat man im Kopf nur dunkles Stroh.
Ich steh dann auf und hol mir was zu essen;
Und geb dem Ludwig ein, zwei Stückchen ab.
Die Welt, die hat uns beide längst vergessen –
Ich bin schon froh, daß ich den Ludwig hab.

So habe ich mir vor zwanzig Jahren das Siebzigsein mit
Kater vorgestellt. Jetzt ist es so weit, ich bin siebzig und
habe einen Kater.
Ludwig heißt er nicht und auch sonst ist es etwas anders
gekommen.

Schmidts Katze

All die zärtlichen Nachrufe,
Gottseidank, er ist weg. Jetzt können wir endlich
Machen, was wir wollen.
Die Dechiffrage ein Spiel, das nichts kostet.
Und immer wieder die Hecke,
Holzt sie jetzt einer ab? Kann man was sehen?
All die Wörter, Alice, und über den Wörtern
Wörter.
Laß uns nicht schmidtsch werden, bitte.
Ich denke an seine Katze,
Wie man hört, ist nur noch eine übrig.
Bestimmt schon ganz rauhfellig,
Braucht keine anderen Katzen mehr, Altsein ist Arbeit
Genug.
Die Nachtigallen singen.
Die Jagd ist aus, macht nichts.
Ihn aber, den toten Dichter,
Ihn wird sie vermissen, die Katze,
Ihn wird sie vermissen.

Die Katzen und die Toten

Gewidmet auch den gatti della piramide in Rom

Friedhöfe sind sehr lebendige Orte. Sie verschaffen nicht nur den Toten Ruhe, sondern auch viel Lebendem – vor allem in den Städten. Die Aristokratie in den Nekropolen der Welt sind die Katzen. Sie haben sich Reservate geschaffen, steinerne Trutzburgen und düster-barocke Wochenbetten zweimal im Jahr, die ehrfurchtgebietende und ein wenig einschüchternde Umgebung erscheint ihnen angemessen. Allerdings findet man sie nur auf alten Friedhöfen oder in den alten Bezirken, die Kunststeinplattenödnis, Fleißiges Lieschen im Sommer, trüblila Erika im Winter und an Allerseelen das Gesteck aus falschen Tannenzapfen und Plastikchristrosen meiden sie. Noch nie habe ich auf neuen Friedhöfen und in den neuangelegten Totenvierteln Katzen gesehen. Dort fehlen ihnen die Geheimnisse, zu viel falsches Leben mit Reiserbesen und Schäufelchen, Gießkanne und Heckenschere macht sich zu schaffen, jenes armselige Gewusel, das den Tod leugnen will, wegkehren und geradeschneiden und in Reih und Glied ausrichten, auf daß die Angst und die großen Fragen verschwänden.

Die einzigen Tiere, die sich da wohlfühlen, sind meiner Beobachtung nach Amseln und Eichhörnchen, opportunistische Viecher.

Katzen lieben alte Steine, Grüfte und Totenhäuser

sagen ihnen zu, alles, was uns beim Durchwandern kleine Schauer das Genick hinunterlaufen läßt, gefällt ihnen. Dicke Moospolster und Efeugestrüpp, eingesunkene Grabplatten, Spalten, die in Sarkophagen klaffen, gefallene Engel, das alte, schöne Bühnenbild des Todes: Da fühlen sie sich wohl. Da richten sie sich ein und haben ihre stillen Haushalte, in die sie nur wenigen Menschen Einblick gestatten. Denn, das wollen wir ganz zu Anfang sagen: Ohne Menschen, ohne eine ganz spezielle Art von Menschen geht es nicht.

Katzen haben eine unnachahmliche Fähigkeit, Unabhängigkeit zu simulieren, darauf fallen seit Urzeiten Dichter und andere herein. Das Hohe Lied kätzischer Autonomie kennt indessen jeder, und mit schöner Regelmäßigkeit ertönt es auf die Frage, was man an Katzen denn so besonders schätze. Auch die Fotos jener über die Steine gebreiteten Gefährtinnen und Gefährten der Toten verführen zu diesem schönen Fehlschluß. Sie säen nicht, sie ernten nicht, und der himmlische Vater schickt ihnen grade an diesem ihm gewidmeten Ort immer mal eine gebratene Meise und ein Schälchen Milch vorbei. In seiner unerforschlichen Weisheit aber tut Er etwas ganz anderes: Er gesellt zu den Katzen und den Toten noch jemanden: die besonderen Menschen. Man sieht es ihnen nicht auf den ersten Blick an, daß sie im großen Spiel des Lebensgleichgewichts eine besondere Rolle spielen. Sie erscheinen regelmäßig auf den Friedhöfen der Welt, ob in Berlin oder in Rom, Wien, London, Frankfurt, Tübingen oder eben in Paris. Sie haben niemals Schäufelchen und Gießkanne bei sich, auch keine Blumen. Statt dessen tragen sie schwer an Tüten, in denen Dosen, Medikamente und manchmal Decken versteckt sind. Sie liegen in einem stummen, ewig unentschiedenen Kampf mit den Friedhofsarbeitern und Gärtnern. Manchmal werden sie Zeugen gemeiner, hinterhältiger Mordtaten. Diese Menschen, meist Frauen, haben die Friedhofsgesellschaft, um die sie sich kümmern, meist bei Besuchen an einem frischen Grab kennengelernt.

»Ich wollte nicht einfach so auf den Friedhof gehen, ohne Funktion«, sagte mir eine Frau, die ihren kaum vierzigjährigen Mann verloren hatte, »ich wollte etwas zu tun haben.«

In den letzten Jahren hat sie warme Deckchen in Mausoleen geschmuggelt, verborgene Futterplätze eingerichtet und gelernt, Impfspritzen zu setzen. Sie hat clandestine Helferinnen angeleitet und einen hauchdünnen Frieden mit dem verantwortlichen Amt erreicht. Sie diskutiert in die steinernen Gesichter der Arbeiter hinein, die sämtlich einen Haß auf jedes nicht eß- oder totschießbare Tier haben. Sie ist unauffällig wie ihre Schutzbefohlenen, die auf ihre Kosten uns, den Sympathisanten, ihr anmutiges Autonomiestückchen vorführen. Nicht zu vergessen die vielen Antikonzeptiva, die, ins Futter gemischt, den alljährlichen tragischen Kätzchensegen in Grenzen halten. Warum sie das macht? Warum sorgen überall auf der Welt, auch in armen Ländern, Menschen dafür, daß die Toten gerade diese Gesellschaft haben? Vielleicht weil spürbar ist, wie gut das zusammenpaßt: eine Katze und die Erinnerung. Die lebenssüchtige Ruhe und die Traurigkeit.

Natürlich wird immer wieder ein Geschrei erhoben, von den Ordnungsfanatikern, oder von jenen, für die außer Singvögeln kein Tier ein Lebens- und Bleiberecht auf dem Gottesacker haben soll. Die Ordnungsliebe, wer wüßte es besser als wir, schreckt vor Mord und Totschlag, Gift und Fallenstellerei nicht zurück, es gilt sie immer wieder zu überlisten. Denn wir, die wir voll Entzücken den zeitlichen und hingebungsvollen Schlaf einer Katze über den ewig Schlafenden bewundern, wir wissen doch, daß der Tod nichts mit der Ordnung zu tun hat, jenem kläglichen Versuch, das Sein überschaubar und erklärlich zu machen, in Denkschachteln und Gevierte zu zwängen – nein, er ist das erhabene Ergebnis der Chaostheorie, die man sich selbst längst angeeignet hat mit dem Satz: Man weiß gar nichts. Und je länger man nachdenkt, immer weniger. Und wie es weitergeht, und ob es weitergeht, weiß man schon überhaupt nicht. Was soll alles Grübeln und Räsonieren? Füttern wir lieber jene, die so freundlich und ansehnlich unseren Toten Gesellschaft leisten.

Eine Verbindung dieser Art, wenn auch nicht immer leicht zu entschlüsseln, habe ich in vielen Ländern kennengelernt. In Singapore sagte mir zum Beispiel ein Mädchen, als sie nach einwöchiger unentschuldigter Abwesenheit wieder zu ihrer Arbeit in einer Textilfabrik erschienen war, sie könne gar nicht verstehen, daß man ihr das nachtrage: Ihre Großmutter sei gestorben, und sie habe nun zusammen mit ihrer Familie am Sarg aufpassen müssen, daß keine Katze über ihn spränge. Daß man die Toten in dieser heißen Gegend sechs Tage und Nächte über der Erde ließ, hatte ich schon mitbekommen, man sah ja die orchideenumgebenen Trauerstätten an jeder zweiten Straßenecke und roch sie auch – aber die Katzen? Brachten sie Unglück? Oder nahmen sie, wenn man nicht aufpaßte, die Seelen mit? Es war nicht in Erfahrung zu bringen, aber auch hier, fern von allem Bekannten, gab es die Verbindung der Katzen mit den Toten.

Es scheint ja das Verteilen von Eßbarem an den Totenstätten ein menschliches Bedürfnis zu sein, in Mexiko sieht man die zuckrigen Totenschädel, das bunte Obst, Brot und alles mögliche andere, bei uns bricht sich der Wunsch in übertriebenem Vogelfüttern Bahn.

Kehren wir zurück zu den Katzen vom Cimetière Montmartre. In diese geschichtenreiche Totenstadt passen Tiere besonders gut, und hier finden sich auch die Menschen, deren sie bedürfen – die haben mit den Geschichten zu tun. Es ruhen auf diesem Friedhof viele Intellektuelle, denen zu Lebzeiten die menschliche Gesellschaft fataler geworden war als die der Katzen. Auch dies sorgt für ein ewigwaches Mißtrauen der guten Bürger den Katzenliebenden gegenüber: Man kann nicht leugnen, daß mit der Zuneigung zu Tieren, besonders zu diesen Tieren, oft eine zarte Misanthropie einhergeht. Natürlich nicht so eine grobe von der Art »Der Hund bleibt mir im Sturm treu / Der Mensch nicht mal im Winde« – ach nein. So nicht. Man hätte die Menschen ja schon mögen wollen und hat sogar über die Mehrung ihres universalen Wohlbefindens durchaus nachgedacht und dicke Bücher geschrieben – aber, nun, eigentlich war einem Loulou, Mimi oder

Cocotte doch mehr ans Herz gewachsen. So werden Sacha Guitry und Jacques Offenbach, Zola und Dumas, Heine und die schöne Madame Récamier gegen die Gesellschaft der Katzen gewiß nichts einzuwenden haben.

Der Friedhof von Montmartre, auch Nordfriedhof genannt, ist fast so berühmt wie der Père Lachaise, so kommt es, daß nicht nur seine toten Bewohner touristische Aufmerksamkeit genießen. Touristen sind für Tiere oft eine ganz gute Lebensversicherung, die römischen Forumskatzen und die venezianischen Tauben könnten, wenn sie wollten, ein Lied davon singen. Man erwartet sie, man hält nach ihnen Ausschau. Manchmal bringt man ihnen etwas mit. Verpflichtung, natürlich, bedeutet das nicht. Und sie sehen die alt gewordenen oder kranken Kämpen nicht, die gerührten Besucher, denn Katzen sind, wenn es ums eigene Sterben geht, die diskretesten Tiere, die es gibt. Es gelingt ihnen oft, völlig ungesehen von dieser Welt zu verschwinden und auch die Tage und Stunden vorher mit sich ganz allein abzumachen. Vermißt sie jemand? Fragt jemand nach ihnen? O ja, ihre Helferinnen spüren, wenn eine marode wird und sich absondert. »Der Rote ist jetzt schon seit drei Tagen nicht mehr zur Futterstelle gekommen«, sagt die von mir bewunderte Katzenfrau des Frankfurter Hauptfriedhofs, auf dem wie in Paris eine Katzengesellschaft lebt. Sie kennt alle ihre Kunden.

Es ist eine heikle Sache mit der Freiheit, man muß Kraft haben, um sie auszuhalten. Würden die berufstätigen Katzen, die hauptamtlichen Friedhofskatzen tauschen wollen für einen warmen Platz als Schmusemieze mit Körbchen und regelmäßigen Mahlzeiten? Ich wage nicht, eine Antwort zu geben. Im Sommer mag die Freiheit den besseren Geschmack haben – aber in den Wintermonaten? Wenn nicht mehr so viele Besucher kommen und die Verstecke frostig sind, wenn man sich nicht in der Sonne ausstrecken und auf Katzenart den Augenblick zum Verweilen auffordert, wird das Leben schwierig und bitter, und nur die Zähesten und Gewitztesten überleben. Von den Herbstwürfen, die frei leben müssen, kommen nicht viele durch, die es tun, gehören oft jener mageren, hochbeinig-sehnigen Rasse an, die eigentlich keinen Namen hat und die man oft in südlichen Ländern mit ihrer seltsamen Un-Beziehung zu Tieren findet.

Das ist ein Fellachenkätzchen, pflegte mein alter Tierarzt Doktor Krex zu sagen, der schon lang im Katzenhimmel ist, weil er in einen anderen gar nicht gewollt hätte. Ja, ein Fellachenkätzchen. Da können Sie füttern, was Sie wollen, es wird dürr bleiben! Aber sie sind zäh, diese Kätzchen!

Solche findet man oft an den Plätzen der freien Katzengesellschaft, hin und wieder auch verarmte Aristokraten persischen oder siamesischen Geblüts, die ihre Erbanlagen in Form von unversehens auftauchenden blauen Augen oder plustrigen Schwänzen in der Friedhofsgesellschaft hinterlassen.

Was für Lebensschicksale sind es, die hier zusammenkommen! Das gilt für die unter der Erde wie für die, die noch darauf spazierengehen und faulenzen können. Man erfährt nur selten, nur durch Zufall einzelne Geschichten, denn Katzen sind erfreulich unkitschig und nicht für die Yellow-Press-Sensationen von der Art »Treuer-Gefährte-verhungert-an-Herrchens-Grab« zuständig. Das heißt nicht, daß Katzen nicht großer Ausschließlichkeit in ihren Gefühlen fähig sind. Nur sind sie andererseits sehr pragmatisch und biologisch nicht wie Hunde gezwungen, den Menschen für das Maß aller Dinge zu halten. Sie kennen die zahlreichen Menschenmacken und arrangieren sich, und der Satz »Ubi bene, ibi patria« könnte von einer Katze erfunden worden sein.

Der Friedhof Montmartre ist eine strenge Heimat, auch für die Menschen. Er ist kein tröstlicher, den Tod zugunsten des Stirb und Werde in den Hintergrund drängender, besänftigender Park, kein Garten der Vergänglichkeit, sondern steinernes Mahnmal, Standbild ohne Leben, trotzige Unvergänglichkeit. Die französischen Friedhöfe mit ihren Monumenten und ihren unsterblichen Blumenarrangements aus Glasperlen und Porzellan sind viel herber und abweisender, aber auch faszinierender als die gezähmte Natur vertrauter Anlagen, die wir kennen. 1798, mitten im heftigen Revolutionsfieber, hat man ihn eröffnet und bald wieder geschlossen. Ab 1831 wurde er dann endgültig benützt. Man erreicht ihn über die Avenue Rachel I. und betritt, mit einem richtigen Stadtplan ausgerüstet, die Ruhestätte vieler Berühmter und weniger Berühmter.

Viele der Großen haben Denkmäler, die russischen Gräfinnen und Prinzessinnen eine wunderschöne kleine Kapelle, eine Rodin-Büste steht am Grab des Journalisten Castagnari. Der Friedhof ist wie Paris selbst in eine Art Arrondissements aufgeteilt, so findet man zu denen, die man besuchen will, und stellt an den niedergelegten Rosen und Zettelchen fest, daß man nicht allein ist mit der melancholischen Bewunderung für seine toten Götter.

In der 26. Abteilung hat der arme Heine nach den Jahren in seiner Matratzengruft 1856 endgültig Frieden gefunden. »Unser Grab erwärmt der Ruhm. / Thorenworte! Narrenthum! / Eine bessre Wärme giebt / Eine Kuhmagd, die verliebt / Uns mit dicken Lippen küßt / Und beträchtlich riecht nach Mist / Gleichenfalls eine bessre Wärme / Wärmt dem Menschen die Gedärme / Wenn er Glühwein trinkt und Punsch / Oder Grog nach Herzenswunsch / In den niedrigsten Spelunken / Unter Dieben und Halunken / Die dem Galgen sind entlaufen, / Aber atmen, leben, schnaufen, / Und beneidenswerther sind / Als der Thetis großes Kind. – / Der Pelide sprach mit Recht: / »Leben wie der ärmste Knecht / In der Oberwelt ist besser, Als am stygischen Gewässer / Schattenführer sein, ein Heros / Den besungen selbst Homeros.«

Kann man es schöner und deutlicher sagen, wie kostbar das Leben ist, noch das erbärmlichste Leben? Katzen sieht man immer an, daß sie das wissen. Zernarbt und zerrupft, aber niemals aufgeregt, holen sie noch das letzte Restchen Wohlbefinden aus jeder Sekunde. Das hätte Heinrich Heine gefallen und Jacques Offenbach, diesen beiden Heimatlosen. Auch Alfred de Vigny würde zugestimmt haben, und die vielen schönen Frauen, die dort schlafen, sowieso.

In der 15. Abteilung liegt eine, die sicher darauf verzichtet hätte, Weltliteratur zu werden, hätte sie dafür mehr Leben trinken können: Alphonsine Plessis, Marguerite Gautier genannt, Alexandre Dumas' Kameliendame. Immer, wenn ich dort war, lagen frische Blumen auf ihrem Grab, einmal im tiefen Winter vor Jahren eine gläsern gefrorene Kamelienblüte. Ja, auch sie wäre bestimmt gern eine Kuhmagd mit dicken Lippen, die »beträchtlich riecht nach Mist« gewesen, und der zarte, heitere Tänzerinnenmaler Degas wäre sicher ebenfalls gern noch ein bißchen betagter geworden. Er liegt in der 4. Abteilung wie die geheimnisvollen und lebenssüchtigen russischen und polnischen Prinzessinnen, deren Leben Bände füllen und doch so schnell zu Ende gingen, so schnell wie jedes, auch das längste.

Auf Friedhöfen gehen die Gedanken immer die gleichen Wege, das schadet nichts, aber man darf sich nicht davon überwältigen lassen, es nützt ja nichts.

»Ja, Zuckererbsen für Jedermann / Bis daß die Schoten platzen / Den Himmel überlassen wir / Den Engeln und den Spatzen.«

Was täten wir ohne Heine, der uns so schön zurechtschüttelt? Die Katzen sehen uns an und geben zu verstehen, daß ihnen zu den Spatzen durchaus anderes einfalle, als ihnen den Himmel zu überlassen.

Ob sie wirklich jagen nach guter Katzenart? Auf Friedhöfen lassen sie sich nie dabei beobachten, so als geböten die Pietät und die Würde des Ortes eine gewisse Ruhe und Unbeweglichkeit.

Katzen konkurrieren ausgesprochen gern mit Denkmälern aller Art, auch deshalb sind die französischen

Friedhöfe angemessene Orte für sie. Das durch Pelz gemilderte Statische, das den Katzen eigen ist, ergibt, um Säulen gerollte, in Blumenurnen gelegt oder über steinerne Stufen gebreitet die verblüffendsten und schönsten Bilder. Plötzlich wird dem Betrachter klar, daß beides einander in der ästhetischen Wirkung steigert: Stein und Fell, Starre und lebendige Ruhe, Statuenhaftigkeit und unmerkliche Bewegung, ein Strecken, ein kleines Augenkneifen, ein Zur-Seite-Rollen. Erhabenheit und der Witz des Lebens. »Jeder Tod hat sein Gelächter« hat Werner Bergengruen einmal geschrieben. Hier sind die Katzen das Gelächter des Todes, die Lebenspointe, die Rettung vor der vollständigen Versteinerung.

Man wünscht sich, daß mehr Menschen sich davon trösten lassen, aber die meisten schauen gar nicht hin, so wie sie nicht wirklich auf ihre Toten schauen, sondern nur darauf, daß die ordentlich und ohne Unkraut oder welke Blätter aufbewahrt sind.

Wie viele Zeichen in den Straßen der Toten zu finden sind, und wie wenige gesehen werden! Wie kommt es, daß auf einem Grab sich aus einer Ritze ausgerechnet eine Kornblume zwängt? Haben die Vögel oder die Eichhörnchen den Nußbaum und die Rose gepflanzt? Warum liegt der alte Steinengel plötzlich auf dem Rücken? Zufälle? Man darf nichts in die Dinge hineingeheimnissen? Wo, wenn nicht hier, soll man das aber tun? Denn man steckt die Geheimnisse nicht von außen in die Dinge hinein, sondern man läßt sie nur frei.

Bildern, zumal schwarzweißen, gelingt das manchmal, und sie führen den Beschauer nicht aufs Glatteis allzu wohlfeiler Interpretationen – eine Gefahr, die beim Thema »Katzen« gern lauert –, sondern sie erlauben, Dinge zusammen zu denken, die man vorher nicht miteinander verbunden hatte.

Der Friedhof, auf dem die Katzen bei den Toten und ihrem Schutz leben, ist ja nicht einfach Dekoration, und wir wissen nicht, wieviel die Tiere über den Ort wissen. Die besonderen Beziehungen waren in der ägyptischen Mythologie selbstverständlicher Teil des Glaubens. Der ist nun schon lange durch eine unangenehme Mode ersetzt, sich aus Mythen und Religionen passende Stückchen zu reißen und einen esoterischbunten Flickenteppich daraus zu wurschteln. Von beidem will ich mich angesichts der strengen Bilder sorgfältig fernhalten.

Es muß genügen, das Anschaubare zu bedenken. Die Bilder zeigen eine Nahtstelle von Bewußtem und Unbewußtem, äußerste Gegenwärtigkeit mit unwiderruflich Dahingegangenem. Man hat immer gesagt, es sei Tieren nicht gegeben, ihren Tod denken zu können. Wer je in die Augen von Tieren vor dem Schlachthof, oder noch früher, bei Auktionen und Verkäufen gesehen hat oder wer je ein altes Tier hat friedlich sterben sehen, weiß, daß das nicht stimmt. Vielleicht trifft etwas ganz anderes zu: Sie denken den Tod nicht ohne Not, ohne Unmittelbarkeit, sie denken den Lebensmoment. Sie verderben sich nicht die Gegenwart mit der ewigen, angstvollen Beschwörung der Zukunft. Und es wäre eine interessante philosophische Frage, ob die Toten, bei denen sie Heimat gefunden haben, ganz Vergangenheit oder, wie sie, ganz Gegenwart sind. Das alles aber interessiert den schwarzweißen Kämpen nicht, der sich auf dem Stein ausgestreckt hat und freundlich zur Kenntnis nimmt, daß die fremde Besucherin nicht so etwas Unnützes wie Blumen in der Hand hält, sondern eine Tüte, aus der es angenehm riecht.

Gewiß: Sie säen nicht, sie ernten nicht, und der himmlische Vater ernährt sie doch. Man muß ihm allerdings dabei ein bißchen zu Hand gehen.

Medis Lied

Lebewohl, du hübsche Maus,
Die ich mit Genuß verschmaus –
Kaum aus deinem Löchlein
Krachen schon die Knöchlein!
Ja, du bist das zarte, nette
Ende meiner Nahrungskette.
Dein Mäusegatte wär
Klasse als Dessert …

Stille Nacht

Von drauß
Vom Mausen komm ich her,
Und ich hab den Eindruck, es weihnachtet sehr.
Da steht eine Tanne mitten im Zimmer,
Was will sie da?
Bleibt sie jetzt für immer?
In der Küche liegt eine Art dickes Huhn,
Ein weißes. Ich hab damit nichts zu tun!
Bestimmt werden Kerzen bald angemacht,
Na meinetwegen. Stille Nacht.

Katzenweihnacht

Hühnerleber? Wiener Würstchen?
Für den Pelz ein feines Bürstchen?
Brekkies? Bommeln? Fangebällchen?
Maus mit echtem Mausefellchen?
Kratzbaum? Körbchen? Oder ein
Gut gebratenes Spatzenbein?

       Vom Himmel hoch da kommt es her
       Wenn nur schon Bescherung wär!

Schnee

Früher war nicht nur mehr Lametta, sondern auch mehr Schnee, das weiß jeder. Deswegen gibt es jetzt nur noch alle paar Winter Gelegenheit, zu sehen, zu welcher Katzensorte unsere gehört – unerschrocken, unempfindlich und dem neuen Element zugetan? Oder Mimose, die schon bei einer millimeterdünnen Schneedecke am liebsten alle vier Pfoten gleichzeitig heben und in den Wintermonaten ihre Freiheitsliebe vergessen? Neues Element nenne ich den Schnee, weil Katzen offenbar vergessen, daß es so was überhaupt gibt, und zwar beide Spielarten, die Abenteurer und die Couchkartoffeln. Schnee ist für sie immer wie zum ersten Mal. Manchmal mutieren vierbeinige Sofakissen zu Arktiswanderern, auch das kommt vor.

Für Wohnungskatzen ist Schnee nur bestaunenswert – fallende Flocken wie winzige weiße Vögel, wie Massen von Schmetterlingen, sie müssen ihnen hinter Fensterscheiben stundenlang zuschauen. Auf die Fenstersimse legen sich weiche Kissen, die sachte dicker werden. Wie sich das Zeug aber anfühlt? Ob Wohnungskatzen über die weiß gewordene Welt da draußen nachdenken? Manche Menschen haben Vogelhäuschen vor dem Fenster und sorgen damit bei ihrer Katze für Aufregung und nutzloses Jagdfieber mit Kinnzittern und Anschleichen. Katzenfernsehen, Abenteuerersatz. Manche sind abgebrüht, sie tun so, als sei ihnen das Meisen- und Amselgeflatter vor dem Fenster völlig gleichgültig. Ihre Schwanzspitze aber verrät sie.

Wir folgen lieber den Spuren, die freie Katzen im frisch gefallenen Schnee hinterlassen, das beginnt mit einem unschlüssigen Hin und Her, macht ja kalte Pfoten, das Zeug. Dann pfeilgrade den Stickereien der Vogel- und Mäusefüßchen hinterdrein, ich erinnere mich noch an die Ganovengesichter unserer Siamesen, die Gräben in den Schnee pflügten, bis er ihnen um die dunklen Ohren stäubte. Im Sommer waren sie im Garten stundenlang unsichtbar, jetzt fand man sie leicht. Eine Halbwilde hatte ich, die sich auf ihrer Decke im Gartensessel lieber einschneien ließ, als ins Warme, ins Sichere, ins Wohnungsgefängnis zu kommen. Es heißt nicht umsonst *Fröste der Freiheit*. Das wissen Millionen domestizierter Kater und Katzen und nehmen Schneetage als Kurzabenteuer, in der Gewißheit, daß das Basislager mit allem, was man so braucht, in der nahen Küche wartet.

Ich weiß nicht, ob sie Schnee wirklich mögen, das habe ich auch bei Menschen nie gewußt. Er ist ein wunderbares Ereignis, das die Welt für kurze Zeit hell, sauber und klar aussehen läßt. Jedes, auch das allerkleinste Wesen, hinterläßt unverwechselbare Spuren. Aber man möchte doch wissen, daß man irgendwo vor ihm sicher ist, dem Schnee, und ihm nicht auf unbestimmte Zeit ausgeliefert bleibt. Da gehts den Menschen wie den meisten Katzen. Nur die ganz Mißtrauischen bleiben lieber allein in der Kälte.

Der Kater schüttelt sich übertrieben beim Reinkommen, tut so, als sei er einer Lawine knapp entronnen und betrachtet seine nassen Pfotenabdrücke auf dem Boden.

Großer Spaß, aber für heute reichts, sagt er.

Was gibts zu essen? Schnee macht hungrig.

Subtile Jagd

Mein Kater fängt sich einen Reim
Wie eine Maus
Und schleppt ihn heim.
Und eh du dich versiehst,
Dichtet dieses Biest.
Ist sein Gedicht auch ziemlich schlicht –
Der Kater läßt das Dichten nicht.

Mozzarella

Ich bin der Kater Mozzarella,
Zum Mausen geh ich in den Keller,
Für die Vögelchen steig ich aufs Dach –
Machs mir nach!

Ich liebe Pudding und Sardellen,
Weiche nur Tieren aus, die bellen,
Bin ich verknallt, kreisch ich fürchterlich –
Machs wie ich!

Im Sommer les ich gern Gedichte
Und die ein oder andre Mäusegeschichte.
Liege im Gras, trinke Wein und rauch –
Mach das doch auch!

Liese

Mäh! spricht meine graue Katze,
Mäh! und hebt die graue Tatze.
Hast gedacht, ich wäre raus,
Doch ich bin schon lang zu Haus.
Aber jetzt
Will ich hinaus.
Raus und rein und rein und raus,
Warum bleibt sie nicht im Haus?
Es wird dunkel, sie soll rein.
Wo mag nur die Katze sein?
Eben war sie doch noch weg –
Jetzt sitzt sie auf ihrem Fleck.
Mäh! sagt meine Katze: mäh!
Nun wirds aber Zeit, ich geh
Jetzt sofort,
Auf mein Wort.

Hugos letzter Winter

Wann er zum ersten Mal in meinem Garten aufgetaucht ist, erinnere ich nicht mehr. Die Kater und Katzen der Umgebung wußten, daß es bei mir meistens was zu fressen gab, und sie schienen es einander mitzuteilen. Den meisten sah man an, daß sie ein gutbürgerliches Zuhause hatten und nur aus Abenteuerlust auswärts essen gingen. Es gab aber auch andere, magere, mißtrauische, bei denen das harte Freigängerleben Spuren hinterlassen hatte. So einer war der dunkel getigerte Kater mit dem düsteren Blick, dem ich irgendwann den Namen Hugo gab. Manchmal ließ er sich monatelang nicht blicken, und ich dachte, das freie Leben hätte ihn zur Strecke gebracht. Wenn er dann doch wiederkam, freute ich mich jedesmal. Er ließ sich aber nicht zähmen, sondern verschlang hastig, was ich ihm hinstellte und ging erneut seiner Wege. Eines Tages kam er in kläglichem Zustand, und er schlich, was nie zuvor geschehen war, durch die offene Terrassentür in meine Wohnung. Es ging ihm so schlecht, daß er sich reglos untersuchen ließ – das war nicht Vertrauen, sondern eine Art Kapitulation. Offenbar war er mit einem Hund aneinandergeraten, und ziemlich abgemagert war er auch. Im Nacken hatte er eine böse Bißwunde, und plötzlich, als er mir so nah war, sah ich: Er ist ja alt. Ein alter Kämpe, fast am Ende seiner Kräfte. Ich tat Wasser und mangels anderer Desinfektionsmittel Grappa in eine Schüssel und wusch ihm die Wunde aus. Dann schmierte ich Heilsalbe drauf. Er ließ sich alles gefallen, ruhte auf meiner Couch noch etwas aus, ließ sogar ein rostiges Schnurren hören – es klang so, als könnte er sich nur schwach daran erinnern, wie Schnurren geht –, zum Schluß fraß er gemächlich eine große Schüssel Futter leer. Von nun an kam er regelmäßig, die Wunde verheilte schnell und der Kater wurde kräftiger. Von der Wunde war unter seinem dicken, gestreiften Pelz nichts mehr zu sehen, und er hatte seinen verwegenen Blick wieder, den Blick der freien Kater. Als es kälter wurde und schließlich Winter, baute ich ihm eine warme Höhle aus Decken und Plastik in einem Gartensessel auf der Terrasse, darin schlief er. Länger als zwei, drei Tage hintereinander war er nicht mehr weg. Zweitausendneun, im Frühling, brachte er ein bildhübsches und sehr junges, rothaariges Katzenfräulein mit. Er ließ ihr den Vortritt beim Fressen, weil ich hinschaute. Ich lobte ihn sehr. Das machte er aber nur ein einziges Mal. Von da an waren die beiden unzertrennlich und schliefen innig umarmt auf seinem Gartensessel. Der alte Haudegen und die tizianrote Schönheit waren ein richtiges Renaissancepaar, wie ein alter Doge mit seiner jungen Geliebten.

Wieder kam der Winter, ein sehr kalter, schneereicher Winter. Mir war aufgefallen, daß Hugo nicht mehr über die Zäune kam. Er schaute seinem leichtfüßigen rothaarigen Fräulein hinterdrein und suchte sich andere Wege. In den eisigen Nächten waren die beiden in ihrer Sesselhöhle vergraben, und mehrmals sah ich sie unter der Terrasse hervorkommen. Da unten, in einem Hohlraum, vor Schnee und Wind geschützt, stand noch ein uraltes Katzenhaus, das hatten sie wiederentdeckt.

Ich hatte immer Angst um die beiden, aber auch die Kälte konnte ihnen das freie Katzenleben nicht vergällen. Bis eines Morgens, als ich das angewärmte Futter rausstellte, Hugo entschlossen an mir vorbei ins Zimmer ging, Fräulein Fräulein sein ließ und sich mit den Vorderpfoten auf mein Bett hochzog. Wie steif seine Hinterbeine geworden waren! Wir lagen eine Stunde ganz nah beieinander, er schnurrte sein heiseres Liedchen und legte seinen schweren, narbigen Katerkopf in meine Hand. Irgendwann wollte er dann wieder raus, aber so, als sei es seine Pflicht, mit einer Art Ergebenheit. Das wurde für ein gutes Vierteljahr, bis in den Frühling hinein, unser Ritual. Eine Morgenstunde nur für uns beide, ganz nah beieinander, einfach akzeptierend, daß es so ist mit dem Leben und daß die Beine eben irgendwann nicht mehr wollen und die Zähne auch nicht. Früher hätte ich ihn in eine Box gesperrt und zum Tierarzt gebracht, früher, als ich noch glaubte, daß man alles managen kann, auch Alter und Krankheit. Jetzt liebte ich einfach unsere späte Beziehung, war dankbar dafür und fütterte den Kater und seine treue kleine Verlobte mit feinen Sachen. Dennoch wurde er allmählich dünner, das sah ich. Er brauchte länger, um sich auf mein Bett zu ziehen, mochte es aber nicht, wenn ich ihm helfen wollte. Manchmal lag er dann ganz reglos neben mir, ich streichelte ihn und spürte seinen narbigen Körper. Diese Liebe – ja, es war eine – wurde für mich zu einer der merkwürdigsten Erfahrungen von Nähe in meinem ganzen Leben. Für diese eine frühe Stunde, in der noch niemand anrief oder klingelte oder irgend etwas wollte oder forderte, war dieses Tier ganz bei mir und ich bei ihm. Ich sah, wie schön er war, der dunkle alte Freibeuter, und wie hart sein Leben gewesen sein mußte. Es war ein Geschenk, das er mir mit seiner freiwilligen Nähe machte. Manchmal ertappte ich mich dabei, daß ich zu ihm sagte, bleib doch noch ein bißchen! wenn er sich schwerfällig anschickte, zurück in die Freiheit zu gehen.

Am 7. April 2010 sah ich ihn zum letzten Mal. Als er am Morgen darauf nicht kam, wußte ich, daß er nie mehr kommen würde. Dennoch suchten wir ihn, hängten Zettel auf, was man eben so tut.

Ich denke jeden Tag an ihn.

Seine kleine, rothaarige Freundin ist noch hier.

Gesucht: Scarface

Schön ist er nicht. Er hat zerfetzte Ohren, einen mißtrauischen Blick, narbige Backen, nur noch wenige Zähne und schwache Hinterbeine.

Manchmal hört er auf den Namen Hugo.

Er ist ein alter Kater, dunkel getigert, mit hellerem
Kinn, er gehört wohl nur sich selbst und seiner jungen,
rotblonden Freundin, die er vor einem Jahr mitgebracht
hat. Bei mir haben beide einen Schlafplatz und Futter
bekommen. Bis vor drei Tagen waren die beiden unzertrennlich, jetzt sucht sie ihn. Seit dem 8. April ist er nicht
wieder aufgetaucht, und ich mache mir große Sorgen,
was dem alten Abenteurer geschehen sein könnte.

Ich liebe ihn und hoffe, daß ihn jemand gesehen hat
und mir Informationen geben kann.

Sollte das der Fall sein, bitte ich um einen Anruf unter
folgender Nr. …

Danke für Ihre Aufmerksamkeit!

Unfall

Im gelben Ampellicht
An der Kreuzung kurz vor Weißkirchen
Liegt der zerbrochene Kater.
Er ist grau.
Kaum Blut zu sehen.
Dreißig Autos in der Minute
Vorbei
Eins drüber.
Auch einer von den Spänen,
Die eben fallen
Wo gehobelt wird.

Fanny

Die Freiheit ist sehr groß und flach
So flach wie das Garagendach.

Fanny spielt

Ich reiß der Maus
Die Augen raus,
Sie ist ja bloß aus Wolle.
Und gibst du mir ein Federbett
Mach ich dir die Frau Holle.
Mit einer Pfote fange ich
Die Blasen aus dem Sprudel,
Und mit der andern lange ich
Nach einer rohen Nudel.
Teebeutel packe ich am Schwanz,
Damit sie nicht ersaufen,
Und wenn du grade einschläfst, muß
Ich dringend mit dir raufen.

H wie Hund und K wie Katze

Einmal in all den Jahren ist mir ein Hund zugelaufen, ein Dackel. Er sauste panisch, aber auch begeistert durch meinen Garten, die Nase am Boden, hunderten von unsichtbaren Katzenspuren folgend. Keine Ahnung, wie er reingekommen war. Die Nachbarin hatte er auch schon besucht, sie schien froh, daß ich die Verantwortung übernahm. Ich fing den Dackel, einen Rauhhaarrüden ein. Er schaute triumphierend drein. Die meisten Hunde in meiner Gegend sind mir vertraut, wir grüßen einander, aber den hatte ich noch nie gesehen.

Katzenbesitzer haben keine Leine und denken auch nicht, daß sie jemals eine brauchen würden. Ich nahm also einen grünen Seidenschal, streichelte den Hund und band ihn dran fest. Er roch überrascht an dem Ding, leistete aber keinen Widerstand. Dann machten wir uns auf, zusammen sein Zuhause zu finden. Nachbarn haben sich noch wochenlang über den Anblick amüsiert, den wir geboten haben. Ich hinter einem Dackel herrennend, der mich an einem grünen Schal in jeden Hauseingang zerrte. Gutes Zureden, »Such! Kluuuger Hund!«, half überhaupt nichts. Ihm gefiel jeder Eingang, jede Tür, jeder Baum, jeder Vorgarten.

So wird das nichts, dachte ich und führte den begeisterten Hund wieder zu mir nach Hause. Dort band ich ihn mit dem grünen Schal an einem Küchenstuhl fest und sperrte meine Katze aus, damit sie ihn nicht ermordete. Oder er sie, man weiß ja nicht, was in den Tieren vorgeht. Ich hörte, wie der Hund den Stuhl durch die Küche zerrte, bis er damit am Freßnapf der Katze angekommen war. Den hörte ich dann klappern.

Ich rief die Polizei an.

Wenig später kam ein erschöpft dreinblickendes freundliches Ehepaar mit einer Flasche Sekt in der Hand, um seinen Dackel abzuholen.

Jeden Tag repariert mein Mann mit meinem Sohn zusammen den Zaun. Und wenn wir drei Löcher gefunden und dicht gemacht haben – der Hund findet ein viertes und haut ab. Bei der Polizei kennen sie ihn schon.

Ich holte den Hund, der immer noch triumphierend schaute, aus der Küche und entschuldigte mich für den würdelosen grünen Schal.

Ich bitte Sie, sagte die Frau. Wir sind Ihnen dankbar, daß Sie ihn aufgelesen haben. Es ist ein Machtspiel, sagte sie noch. Er schaut, wie wir ihn beschützen und weiß die ganze Zeit, wo das Loch ist, das in die Freiheit geht. Irgendwann bin ich zu alt dafür.

Ich verstand sie sehr gut.

Wer Katzen liebt, kennt die Angst vor dem, was Freiheit anrichten kann. Das große Dilemma bleibt: Sie für immer drin und unter Kontrolle haben, das aber nicht für richtig zu halten. Oder sie raus lassen und ab da jeden Tag wuchernden Phantasien ausgesetzt zu sein, was einem so kleinen Tier in der Welt alles widerfahren kann. Dazu sommernächtliches Warten, Herzrasen bei jedem scharfen Bremsgeräusch, und jedesmal das Gefühl, in letzter Sekunde einer schrecklichen Verurteilung entgangen zu sein, wenn am Fenster oder an der

Tür der kleine Kopf auftaucht: War was? Warum stellst du dich denn so an?

Wer das richtig findet und die natürliche Schönheit der Freiheit preist, ist verrückt. Oder eben jung. Es gehört zu den Klischees, vor denen Tiere nicht wegrennen können. Der gehorsame, dem Menschen ergebene Hund. Die freiheitsliebende, unabhängige Katze. Was die einen lieben, verachten die anderen. Alles Kitsch, genau genommen.

Ich verstand die erschöpfte Dackeldame. Mit einem Hund, meint man, sei Freiheit auf das Erlaubte beschränkt, ein bißchen in Sichtweite auf der Hundewiese toben lassen und sonst: Erziehung und ein verläßlicher Strick zwischen Mensch und Tier. Der Rauhhaardackel war offenbar nicht gesonnen, diese Mensch-Hund-Übereinkunft zu respektieren.

Sie hatten eine schöne, teure Leine mitgebracht.

Wir lassen den Schal natürlich reinigen, sagte die Dackelbesitzerin.

Ich lachte.

Also, gleich heute nachmittag gehen wir noch mal an den Zaun, der Karli und ich, sagte der Mann. Der Karli ist mein Sohn. Also, unser Sohn. Das wär doch gelacht, gell, du kleiner Verbrecher?, sagte er liebevoll zu seinem Hund, der jetzt sicher an seiner teuren Leine hing.

Die Frau und ich schauten uns stumm an. Sie würde nicht zu lösen sein, die Sache mit der Freiheit, das wußten wir beide.

Ja, dann noch mal vielen Dank.

Sie gingen zu dritt, der Hund zwischen beiden, wedelnd und mit hoch erhobenem Kopf.

Nachweise der Erstveröffentlichungen

Tinos Morgentoilette; Tinos Tagebuch
Das große Katzen-Lesebuch. Herausgegeben von Julia Bachstein.
© Schöffling 2004

Rule Britannia
Katzenmusik und Katerstimmung. Tierisch-musikalische Ge-
schichten. Herausgegeben von Elke Heidenreich. Edition Elke
Heidenreich bei C. Bertelsmann 2012

Frauen und Katzen auf Bildern
Dörthe Binkert, Frauen und ihre Katzen. Mit einem Vorwort von
Eva Demski. Thiele und Brandstätter Verlag München 2013

Die Katzen und die Toten
Die Katzen von Montmartre. Fotografiert von Ruth E. Wester-
welle. Mit einem Essay von Eva Demski. Nicolaische Verlags-
buchhandlung Berlin 1998

Katzenweihnacht
Das große Katzen-Lesebuch. Herausgegeben von Julia Bachstein.
© Schöffling 2004

Hugos letzter Winter
Weihnachtskatzen. Herausgegeben von Gesine Dammel. Insel
Verlag Berlin 2013

Inhalt

Hat der Garten uns oder haben wir ihn?

Auf vielerlei Pfaden geht Eva Demski in ihrem Buch dem besonderen Verhältnis zwischen Mensch und Garten nach, sie erzählt vom Glück des Gelingens und von der Erschaffung eines Stücks Himmel auf Erden.

»Er hat mich mehr als einmal gerettet, der Garten: die Dinge zurechtgerückt, mich zum Lachen gebracht, wenn mir zum Heulen war. Er bereitet mir Niederlagen, aber er tröstet mich, wenn die Welt mir welche bereitet.«

»Schon lange nicht mehr war so ein anregendes, kluges und charmantes Buch über Garten und Gartenmenschen auf dem Büchermarkt.« *Frankfurter Allgemeine Zeitung*

Eva Demski, Gartengeschichten. Mit Bildern von Michael Sowa. insel taschenbuch 4003. 235 Seiten

Geschichten für Gourmets und Gourmands

Als Gott die Erde schuf, hat er den Knödel im Sinn gehabt, ist dieser in seiner Rundheit doch der Inbegriff der Perfektion – und um sein Innenleben sind schon wahre Glaubenskriege entstanden …

Unterhaltsame Geschichten rund ums Essen – Eva Demski erzählt von Gourmets und Puristen, von üppigen Festgelagen, heiterem Leichenschmaus und vielem anderen mehr: wie die Wahl des richtigen Weins zur Sinnfrage wird und das Beerensammeln zum Feldzug. Sie berichtet vom unaufhaltsamen Siegeszug der Bratwurst, die selbst ausgewiesene Gourmettempel erobert, und stimmt ein Loblied auf die Suppe an, die Leib und Seele wärmt.

Eva Demski, Rund wie die Erde. Kulinarische Geschichten. insel taschenbuch 4163. 128 Seiten

EVA DEMSKI
Frankfurt ist anders

Eva Demskis Liebeserklärung an Frankfurt

Eine Weltstadt, die aus Dörfern besteht, das ist Frankfurt. Viel gescholten als kalter Bankenplatz, sucht die Stadt andere Rollen und findet sie auch. Sie will zum Beispiel grün sein und glamourös, das eine schafft sie ganz gut, das andere nicht. Frankfurt ist für viele Menschen eine Durchgangsstation, in der sie nach Jahrzehnten plötzlich erstaunt feststellen: Ich bin ja geblieben!
Eva Demski ist es genauso gegangen. Aus unzähligen Erkundungen, Wegbeschreibungen, Ortsterminen, Porträts, Pamphleten und Liebeserklärungen ist ein Frankfurt-Buch geworden, ohne Anspruch auf Vollständigkeit, aber mit Überraschungen. Vergessene Parks und das Mainufer mit Max Beckmanns Blick, wenig Goethe, dafür seine Mutter und die Freundin Marianne von Willemer umso eingehender, selbstbewusste Hässlichkeiten und schüchterne Schönheiten, Veränderungswahn und Bewahrungsmühen – all das und mehr kennzeichnet die Stadt, von der Eva Demski einmal gesagt hat, sie liebe sie »wie einen hässlichen Hund« – was nichts anderes heißt als: ganz besonders.

Eva Demski, Frankfurt ist anders. Mein Stadtplan. Herausgegeben von Wolfgang Schopf. insel taschenbuch 4278. 269 Seiten

**Riesling, Eltville, Rheinsteig –
Eva Demski führt uns durch
ihren Rheingau**

Der Rheingau ist die Heimat der Großmutter und das Ferienland ihrer Kindheit: Eva Demski kennt die Wiege der Weinromantik von Kindesbeinen an und zeigt uns ihren ganz persönlichen Rheingau: Sie erzählt von Weinbau und Lebenskunst sowie Reiz und Schrecken dieser sagenumwobenen Landschaft.
Kulturtragendes Handwerk, Romantik, Dramatik und Naturschauspiel bilden die Bühne für Eva Demskis empfindsames Buch über eine der spannendsten Landschaften Deutschlands. Persönlich, poetisch – ein literarischer Genuss.

»Ein reichhaltiges, gleichermaßen kluges wie amüsantes Reisebuch.« *Süddeutsche Zeitung*

Eva Demski, Rheingau. insel taschenbuch 4219. 125 Seiten

NF 278/1/8.15

Eva Demski über ihr ganz persönliches Venedig

»Salon der Welt« – das bezeichnet die Einzigartigkeit dieser Stadt, über die schon alles gesagt und geschrieben scheint. Doch in Eva Demskis Portrait werden selbst Venedig-Kenner noch Neues entdecken. Dieses Buch ist Beschreibung und Liebeserklärung zugleich: In Geschichten, Erinnerungen und Phantasien begegnen wir Venedig-Bewohnern und Besuchern wie Peggy Guggenheim, der Duse, Sara Sullam, Joseph Brodsky, Thomas Mann, dem Kater Barnabé und anderen bekannten wie weniger bekannten »Venezianern«.

Eine Reise durch Venedig in Begleitung von Peggy Guggenheim, Thomas Mann, Joseph Brodsky und vielen anderen

»Eine lustvolle Lektüre.« *Die Zeit*

Eva Demski, Venedig. Salon der Welt. Achtzehn Stücke mit Begleitung. insel taschenbuch 4243. 113 Seiten

**Ein Geschenkbuch – nicht nur
für Katzenfreunde**

»Die Katze kennt ihre Aufgabe in der Menschenwelt sehr genau: sie macht das Alleinsein erträglich, sie verzeiht uns und
kann uns so viel lehren: nicht als Kindersatz, nicht als Freundersatz, einfach als Katze.«
Eva Demskis Katzengeschichten zeigen die Katze, wie sie ist:
listig, wachsam, hungrig, schmusig, intelligent und immer auf
der Hut. Die eigens zu diesem Buch gezeichneten Katzen stellen die »elegante, gutangezogene Gesellschaft« so vor, wie es
nur einer kann: Tomi Ungerer.

Eva Demski, Katzenbuch. Mit Abbildungen von Tomi
Ungerer. insel taschenbuch 3654. 89 Seiten